LES VACANCES
DU
QUATRIÈME NAPOLÉON
A
ARENENBERG

PAR

ÉVARISTE BAVOUX

CONSEILLER D'ÉTAT DE L'EMPIRE

PARIS

LACHAUD & BURDIN

LIBRAIRES-ÉDITEURS

4, PLACE DU THÉATRE-FRANÇAIS, 4

PARIS. — IMPRIMERIE PARISIENNE, J. SOUBIE
Impasse Bonne-Nouvelle, 5.

A SA MAJESTÉ L'IMPÉRATRICE

(A Chislehurst.)

Madame

Daignez m'autoriser à mettre sous vos yeux ces humbles souvenirs, cet hommage de mon attachement convaincu à l'Empire, respectueusement personnel à l'Empereur.

Cet attachement remonte à une époque déjà lointaine, il date d'Arenenberg et de Ham.

Depuis ces temps, hélas! anciens et doux, bien des alternatives se sont succédées de grandeurs et de tristesses : la captivité, le trône, la gloire, la fortune, bonne et mauvaise, des combats, la victoire et la défaite, l'exil et la mort de l'Empereur!

Témoin obscur et dévoué, depuis 1836, de ces solennelles péripéties; accablé, depuis 1870, des grandes douleurs de la Patrie en deuil, j'ai d'abord courbé le front sous le poids de nos catastrophes accumulées.

Il est temps de relever la tête et de faire face à l'orage.

En s'apaisant, il semble, de ses derniers feux, éclairer l'entrée du port.

L'Empire nous a déjà sauvés et nous sauvera encore du naufrage.

Il a bien des fois été salué par les acclamations pour ainsi dire unanimes de la France. Que quelques voix discordantes cherchent à rompre cet accord du passé; laissons-les se perdre dans la confusion et le cahos soulevés par l'agitation passionnée des partis.

Le grand jour et l'harmonie reparaîtront bientôt en ce pays troublé par la tourmente révolutionnaire.

La mer baisse. Les flots se calment. L'horizon s'éclaircit et nous montre l'arc-en-ciel.

J'en ai la foi et l'espérance.

Permettez-moi,

Madame,

d'en déposer,

avec mon profond respect,

aux pieds de Votre Majeste

ce modeste tribut.

EVARISTE BAVOUX

Paris, 16 février 1874.

LES VACANCES
DU
QUATRIÈME NAPOLÉON

§ Iᵉʳ. — NOTE PRÉLIMINAIRE ET POLITIQUE.

Ayant, sous l'Empire, à examiner la situation et l'avenir de la légitimité en France, je disais que le représentant de ce principe, s'il remontait jamais sur le trône de ses pères, en serait, à mes yeux, comme le représentant antédiluvien.

A cette qualification, un noble contradicteur répondit par un appel à l'histoire du comte de Chambord, personnification de la grandeur royale dans toute sa majesté (1).

Sans porter la moindre atteinte au respect de ces antiques traditions, de ce caractère loyal, même dans ses anachronismes, nous pouvons nous convaincre, par ces épreuves tout récemment subies, de l'impuissance incurable du régime légitimiste, avec ou sans fusion. Branche aînée, branche cadette, légitimisme, orléanisme, divisés ou réunis par leur sentiment commun de haine contre l'Empire, tout a été essayé, tout a sombré. Le vent révolutionnaire, qui dévaste depuis trop longtemps notre pauvre pays, a tout bouleversé, tout balayé. République, Monarchie, tout a disparu ou semble disparaître dans la tourmente.

(1) *Etude politique* : M. le comte de Chambord. Correspondance publiée à Rome et à Paris, chez Rocher, éditeur.

Un seul sauvetage apparaît au sein de la tempête : le drapeau tricolore, symbole du dogme moderne de la souveraineté nationale.

Ce dogme est celui d'un seul Gouvernement : l'Empire. La République comme l'ancienne monarchie le repoussent ; l'ancienne Monarchie, franchement ; la République, frauduleusement ; mais toutes deux irrévocablement.

Voyez en effet ce qui se passe :

La légitimité invoque le Droit Divin et le Drapeau Blanc, et elle s'honore par la franchise.

La République, à toutes les époques, enfantée au milieu du trouble, de la violence, de la surprise, invoque mensongèrement, hypocritement, la liberté, et pratique l'arbitraire. « Elle a la liberté sur les lèvres, dit avec vérité M. Baragnon (1), mais elle ne l'a pas dans le cœur. » Elle se précipite en flots tumultueux sur l'Hôtel de Ville, chante la Marseillaise, brûle, incendie la maison commune, les maisons publiques et privées, les édifices, les palais, met en interdit le Trésor, les caisses nationales et particulières, porte partout l'épouvante, la ruine, la dévastation, proclame le vote universel et en refuse effrontément l'exercice. Dictature terrible, massacre des otages, sacrés même dans les contrées sauvages, audacieux règne du Drapeau Rouge, tels sont ses entraînements irrésistibles : qu'elle le veuille ou non, c'est là qu'elle va. Dans son délire, usurpant tous les pouvoirs, montant à l'assaut de toutes les fonctions, les plus lucratives surtout, elle n'entend même plus la voix de la Patrie envahie par l'étranger ; profitant de la présence de l'ennemi vainqueur, elle implore son concours pour renverser le gouvernement vaincu. Au lieu de contenir, momentanément au moins, sa fureur révolutionnaire, elle s'unit au meurtrier, sans comprendre plus en 1870 qu'en 1814, en 1815, qu'il n'a fallu rien moins que la double complicité, à ces époques fatales, de la Révolution intérieure et de l'occupation étrangère, pour terrasser le Gouver-

(1) *Discours sur la loi municipale* : *Journal officiel*, séance du 13 janvier 1874.

nement national de la France. L'union des révolutionnaires du quatre septembre avec les Prussiens, contre Napoléon III, pour renverser l'Empire, rappelle l'union, au XVe siècle, en 1429, des Bourguignons et des Anglais, le parti anglo-bourguignon, contre Charles VII, contre la France.

Alors, comme de nos jours, « les étrangers s'effa-
« çaient le plus possible derrière leurs alliés, (1) » derrière leurs complices, faux Français, mauvais Français, traîtres à la France.

Et cependant M. Thiers (2) ne disait-il pas ? « Ces
« élections radicales valent encore mieux que des élec-
« tions bonapartistes. Je dois soutenir la République. »

A propos de la première et de la plus humble des libertés dans l'ordre politique, dès 1108, sous Louis-le-Gros, dès le XIe et le XIIe siècle contre la féodalité, chacun a tout récemment remarqué le cynisme avec lequel nos radicaux de Versailles, revendiquant cette indépendance communale, s'attirèrent les vives apostrophes d'un député, M. Henry Vinay : (3) Vous proclamez, leur dit-il, votre respect des libertés communales ou autres et en réalité, maîtres du pouvoir révolutionnaire, vous les supprimez toutes. Il leur énumère tous leurs décrets de 1870 et 1871 qui prononcent la dissolution des conseils municipaux et les remplacent arbitrairement par des maires et des commissions de leur choix. « Nous sommes perdus, s'écrièrent-ils
« tous alarmés, si vous faites des élections... vous allez
« voir revenir en tête des listes *tous les anciens*
« *ministres et membres* de la majorité... Il n'y a qu'un
« moyen de nous tirer de là, c'est : ou de rapporter le
« décret électoral, ou, s'il y a des élections, *de mettre en*
« *accusation tous les anciens ministres* et déclarer,
« *l'inégibilité de tous les anciens membres de la majorité:*

(1) Henri Martin, rom. 7, page 116.
(2) M. Thiers, qui, selon M. le duc de Broglie, représente, comme fondateur de gouvernement, Voltaire, fondateur de religion.
(3) Séance du 16 janvier 1874, sur la discussion de la loi municipale.

« ministres, sénateurs, conseillers d'Etat, préfets... »

M. Bigot : « Et ce décret fut en effet rendu par « M. Gambetta ! »

Oui, cet odieux décret a été promulgué, et tardivement rapporté, quand son effet était produit, deux jours avant les élections, sur injonction de M. Bismark du 3 février 1871.

Tel est le prétendu libéralisme du parti républicain, hâbleur dans l'opposition, despote après l'usurpation des pouvoirs publics, admonesté par l'ennemi lui-même.

Un seul gouvernement, fidèle à son principe, à son origine, reconnaît, proclame et consacre la souveraineté nationale. C'est l'Empire.

Seul, sorti des entrailles du pays, il porte haut et ferme l'oriflamme populaire, le principe tutélaire de l'ordre et de l'autorité.

Seul, il est l'incarnation de la vie moderne des peuples libres et disposant d'eux-mêmes.

Seul, en France, il réunit en lui-même les éléments de la popularité, de la grandeur et de la force.

Seul, salué par 6 et 7 millions de suffrages, sous le premier comme sous le second empire, il a donné et peut donner à la France les garanties politiques et sociales de liberté nécessaire et de stabilité gouvernementale. La raison en est simple et comme palpable : c'est qu'aucun gouvernement n'a pour lui, comme l'empire, la sanction nationale.

Quelqu'un le nie-t-il ? La vérification est facile. Fesons-en l'épreuve. Or personne, si ce n'est l'Empire, ne consent à cette expérience : La légitimité a un tout autre principe : celui du Droit Divin. L'orléanisme s'en garderait bien, confiné, comme il l'est, dans le parlementarisme, et absorbé par la fusion dans la légitimité de sa famille, avec laquelle il s'est, par amende honorable, réconcilié.

La République, qui, pendant toute l'année 1870, depuis le 4 septembre, s'est dérobée à toute convocation électorale, a récemment décliné encore l'appel au peuple, proposé à l'assemblée de Versailles.

L'Empire seul a donc le monopole du sentiment et de la foi populaire.

Telle est la source féconde, inépuisable de sa popularité, de sa puissance inaltérable.
Que ceux qui le nient, en osent faire l'épreuve.

§ II. — SOUVENIRS D'ARENENBERG

C'est sous l'influence de ces préoccupations que j'ai, sans hésitation, donné à l'Empire le dévouement le plus absolu et le plus réfléchi.

Mon dévouement était et est demeuré tout à la fois politique et personnel.

Politique, parce que je trouvais en lui toutes les conditions, toutes les garanties de sage liberté, de grandeur, de prospérité, de bonheur pour la France. La liberté pondérée par des institutions vraiment libérales et fortes, si libérales même qu'elles ont dégénéré bientôt en expérimentations parlementaires que, pour mon compte, je n'ai pas hésité à combattre, quand elles nous furent présentées au Conseil d'État, sous la présidence de l'Empereur.

La grandeur, la prospérité, le bonheur de la France pendant 20 ans de cet heureux règne ont laissé des souvenirs assez éclatants pour frapper tous les regards et ne pouvoir être contestés par personne.

Mon dévouement était aussi, je l'avoue, personnel, confondu dans mon esprit et dans mon cœur. J'avais dès ma jeunesse, vu, connu, aimé le prince Louis-Napoléon, jeune, vaillant, généreux, au château d'Arenenberg, tendre fils de sa mère, la reine Hortense ; au château de Ham, prisonnier ; à l'assemblée constituante de 1848, oserai-je dire *mon collègue?* à l'Elysée, à Fontainebleau, à Saint-Cloud, président ; au palais des Tuileries, Empereur ; à Chislehurst, exilé... et enseveli dans la tombe sur la terre étrangère !...

Oh ! oui, mon dévouement lui était personnel à ce prince modèle de toutes les noblesses de l'âme, de toutes les lumières de l'esprit, de tous les élans du cœur ! Patriotisme, courage, affections chaleureuses et dévouées, clartés intellectuelles, modestie, bonté, douceur, politesse exquise, distinction élégante, probité pure, honneur immaculé, délicatesse minutieuse, simplicité vraie, timidité même, accompagnée d'une fermeté, d'une résolution invincible, toutes les qualités semblaient être le partage de cette nature d'élite, aimable et aimé de tous ceux qui l'approchaient.

Aussi ma tendresse égalait-elle mon respect pour ce grand homme, séduisant et bon.

Il n'est plus; hélas! celui que j'ai tant aimé, ce souverain magnanime qui n'a rencontré d'ennemis que parmi les malfaiteurs, que comprimait dans leurs ténébreux desseins sa volonté inflexible, ou parmi les conjurés politiques que désarmait son immense popularité.

Il n'est plus!

Mais son nom, ses exemples, ses préceptes, son gouvernement impérial vivent encore.

Il vit encore dans son fils, au 16 mars 1874 majeur, élevé par lui avec amour, semblable à lui :

> Voilà ses yeux, sa bouche et déjà son audace,
> C'est lui-même; c'est lui....

Et sur ce jeune Prince de dix-huit ans, presqu'à l'âge déjà où j'ai connu son père, reposent tant d'espérances !

Tant d'espérances, que nous avons vues naître autour de son berceau! C'était le 16 mars 1856 (1). Nous étions tous réunis, même en séance de nuit, au palais du Corps législatif, attendant le signal de la naissance de l'enfant impérial; le canon qui, par le nombre de ses salves d'artillerie, annonçait la bienvenue en ce monde d'*un Prince*. Toute l'Assemblée, dès le surlendemain matin, se rendit au palais des Tuileries pour féliciter l'Empereur. Par un rapprochement philosophique, bien curieux et bien touchant, quoique fortuit, je puis l'affirmer sur la parole du comte de Morny, M. de Morny, notre président, au milieu de ses compliments au Souverain, prononça quelques paroles attendries sur le destin des héritiers du trône en France, qui, souvent, au lieu de la couronne

---

(1) Voir, pour les détails sur la naissance et l'enfance du prince, l'intéressant volume de M. Léonce Dupont : le *Quatrième Napoléon*.

héréditaire, ont l'hérédité de l'exil. Sous l'influence du même sentiment, l'Empereur lui répondit par la même réflexion sur l'instabilité du sort réservé, en notre pays, aux Princes nés dans ce palais de la monarchie.

Observation profonde et triste, dont le Prince Impérial devait en effet, en 1870, justifier, comme son Auguste Père, la douloureuse vérité.

Nous passâmes ensuite silencieusement, saluant de nos vœux le berceau du Prince nouveau-né, alors ; au 16 mars de cette année, majeur.

L'Empereur (1), le 18 mars 1856, nous disait :

« Si j'espère que le sort de mon fils sera plus heu-
« reux, c'est que, d'abord confiant dans la Providence,
« je ne puis douter de sa protection en la voyant relever
« par un concours de circonstances extraordinaires, tout
« ce qu'il lui avait plu d'abattre il y a quarante ans,
« comme si elle avait voulu vieillir par le martyre et par
« le malheur une nouvelle dynastie sortie des rangs du
« peuple. »

Ensuite, il terminait son allocution par cette phrase prophétique : « Cet enfant sera digne, je l'espère, des destinées qui l'attendent. »

Prophétie paternelle, vérifiée aujourd'hui. Oui, l'héritier de Napoléon III est digne de son Père, « digne des destinées qui l'attendent. »

Elève distingué de l'Ecole britannique, il allait, cet été dernier, prendre ses vacances de Woolwich.

L'Impératrice, mue par un pieux souvenir, pensa à conduire son fils en Suisse, à Arenenberg. Ce projet ébruité éveilla quelques inquiétudes parmi les amis de la famille. Il était peut-être imprudent, disait-on, d'aller pendant un mois s'établir dans un pays, foyer de républicains, de réfugiés politiques, sans police, sans sûreté, sans garanties locales. Ces réflexions ne me semblaient pas dénuées de justesse. Je demandai aux exilés la permission d'aller, pour quelques instants, troubler le repos de leur retraite. Après l'avoir obtenue, je partis, et je dois me hâter d'ajouter qu'immédiatement mes in-

---

(1) *Moniteur universel*, 19 mars 1856.

certitudes furent dissipées par le calme et la sérénité helvétique. Toute cette contrée respirait la paix et la sécurité. Toutes ces populations, fières et reconnaissantes du précieux dépôt dont elles étaient honorées, paraissaient animées d'une sorte d'émulation naïve à respecter ce modeste incognito, sans cesser de veiller sur leurs chers hôtes avec sollicitude et une respectueuse discrétion.

§ III. — ARENENBERG. — DESCRIPTION. — VIE INTIME

On suppose généralement le petit château d'Arenenberg situé sur les bords du lac de Constance. C'est inexact et vrai. Inexact, en ce que le grand lac n'est pas là précisément ; mais vrai, en ce que le petit lac, ou lac inférieur, baigne de ses eaux et de celles du Rhin, s'élargissant ici en une vaste étendue, la colline verte et fleurie sur le coteau de laquelle s'abrite, sous de touffus ombrages, cette modeste et historique demeure d'augustes exilés.

Arenenberg, en effet, avant de recevoir cette année l'Impératrice et son Fils, a servi autrefois d'asile à la Reine Hortense, qui, d'abord, y venait passer l'été ; puis, sous le vent révolutionnaire soufflant d'Italie, ses étés et ses hivers. C'est là qu'elle vivait retirée avec son Fils Louis-Napoléon. Après la mort de la Reine, l'Empereur racheta ce petit domaine, abri de sa jeunesse et des dernières années de sa gracieuse Mère. Sa piété filiale se trouva même aux prises, en cette occurence, avec une singulière rencontre : Napoléon III avait donné l'ordre à M. Rouher, alors son ministre, d'acheter cette villa. L'Impératrice, de son côté, ignorant ces instructions de l'Empereur, mais devinant à certains indices la pensée de son Epoux (c'était peu après son mariage), négocia mystérieusement cette acquisition pour lui en faire la surprise. Ce double dessein, formant, par malentendu, une concurrence, fut bientôt trahi et aboutit à une solution très-simple : l'achat du castel au prix de 130,000 fr. Onze hectares composent tout ce manoir.

> Modus agri non ità magnus.
> Hortus ubi, et tecto vicinus jugis aquæ fons,
> Et paulum sylvæ super his foret. Auctius atque
> Di melius fecere : benè est. Nihil amplius oro.
>
> (Horace, Liv. 2, satyre 6.

Mais dans ces quelques arpents de terre, où l'Empereur et l'Impératrice vinrent passer une seule journée, sont groupés des prés, des bois, des eaux vives, des cascades, des ravins, surnommés Freyschutz, pour leur aspect sauvage, des volières, une demeure hospitalière au panorama enchanteur, au doux accueil, au saint voisinage d'une humble chapelle, que vient tous les dimanches bénir de sa présence, de son pieux ministère, le desservant voisin chargé de l'office divin. Habitation modeste à laquelle appartiennent quelques dépendances, sous le nom générique de communs; mais sans autre emploi aujourd'hui que celui de remise aux voitures nombreuses des visiteurs, courtisans fidèles du malheur; car, l'Impératrice et le Prince n'y ont ni une voiture, ni un cheval.

Dans cette partie du bâtiment, à l'extrémité d'une aile, séparée du corps de logis, un petit escalier, précédé d'un auvent, conduit à l'ancien appartement de garçon du Prince Louis, quand il était à Arenenberg avec sa mère. Trois chambres, toutes meublées de souvenirs : le portrait de l'Empereur Ier, d'un de ses sabres, de l'image du Roi de Rome enfant, etc., ont leur porte sur un corridor, qui nous rappelait une anecdote parfois racontée, à propos d'Arenenberg, par Napoléon III, comme alerte nocturne : c'était le matin, avant le jour; un bruit subit le réveille. Semblable à celui de cordages traînés avec effort, il est bientôt accompagné de cris étouffés, auxquels succédaient et répondaient d'autres cris assez perçants pour troubler le sommeil des quelques riverains de cette galerie. Chacun alors, armé de sa bougie, court à la découverte, et, après enquête, apprend que le tapage venait de ramoneurs criant dans les cheminées dont un des orifices sonores transmettait le bruyant écho dans la chambre du Prince.

La maison principale a trois étages : le rez-de-chaussée, le premier, le second et quelques mansardes sous une toiture d'ardoises.

Rez-de-chaussée, le vestibule d'entrée; à gauche, un petit salon, ensuite à droite le grand salon, puis une ancienne serre que l'Impératrice a transformée, cette année, en une élégante pièce, à l'aide de vieux meubles de l'Empire, relégués jusque-là dans des greniers et formant aujourd'hui une installation confortable, coquette et retirée. A droite, une salle de billard, d'où l'on revient dans la bibliothèque, ancien salon d'étude de la Reine Hortense; enfin, la salle à manger où nous avons dîné dix-huit personnes.

De la salle à manger, on retourne à l'antichambre, au fond de laquelle un escalier plus léger, en spirale, mène aux appartements de l'Impératrice et du Prince, composés chacun d'une chambre et d'un salon. Une cinquième pièce est celle où est morte la Reine Hortense, identiquement conservée dans l'état où elle l'a laissée en mourant, avec le second lit même, voisin et auxiliaire de la royale malade.

Au second étage, Mme Lebreton, sœur du général Bourbaki, Mlle Larminat, M. le duc de Bassano. Trois façades dominent l'admirable vue du lac, dont la proximité est un but de promenade et d'exercices de natation : une cabane et deux barques font tous les frais de ces distractions nautiques.

Telle est cette retraite paisible et charmante. Le service volontaire se composait à Arenenberg de Mme Lebreton, Mlle Larminat; MM. le duc de Bassano, baron Corvisart, comte Clary, Franceschini Pietri ; puis auprès du prince, Louis Conneau et un de leurs condisciples de Woolwich. Parmi les visiteurs, nous citerons, outre les nobles hôtes du grand duché de Bade, le prince Napoléon, le prince Charles Bonaparte, frère des princesses Julie et Charlotte Bonaparte; le prince et la princesse Gabrielli Bonaparte, M. et Mme Bartholoni, M. Rouher, le prince Murat, jeune fils du colonel des guides, prince Joachim Murat, le baron Jérôme David, etc., etc.

Le Prince Impérial, accompagné du docteur Corvisart, du comte Clary, des princes Charles Bonaparte et Murat, de Louis Conneau et de leur camarade d'Angleterre, revenait d'une excursion de huit jours en Suisse, à Interlaken et les glaciers.

Affable, bienveillant, le prince attire partout les sympathies par sa grâce, le respect pour son grand nom, déjà porté aussi noblement par lui que ses malheurs. Agile, comme son père, à tous les exercices du corps, il nage, monte des chevaux du pays, fait des armes, tire à l'arc, au pistolet, à la carabine, gravit les montagnes avec la légèreté du chamois. Il est simple, naturel, bon, souriant avec bienveillance et déjà sérieux. C'est même une remarque très-exacte de cette jeune physionomie qu'à la limpidité habituelle de son regard curieux et naïf d'enfant, succède fréquemment une certaine fixité méditative, qui l'isole de la conversation générale et le livre, comme naguères son père, à sa propre pensée. C'est un esprit calme, réfléchi, avide de la vérité. Il interroge et sait écouter. Si la causerie, comme c'est inévitable, en vient à son père qu'il aimait tant, dont il était tant aimé, son œil bleu devient humide, un soupir soulève sa poitrine et décèle son émotion.

Héritier d'une race immortelle, il semble pressentir ses destinées peut-être prochaines, et s'y prépare par le recueillement et le travail. C'est ce qu'écrivait à l'Impératrice un membre éminent de la haute aristocratie d'Angleterre, lui annonçant l'heureuse issue de l'examen trimestriel de Woolwich. Le résultat en est pour l'élève d'être ou de n'être pas autorisé à poursuivre le cours de ses études dans le degré supérieur, sans acception d'aucune faveur, puisque les examinateurs, étrangers à l'école, ne connaissent ni le nom ni les précédents du candidat ; coutume scolastique à laquelle notre système universitaire aurait peut-être à faire, avec sobriété sans doute, quelques emprunts. Il serait intéressant qu'un jour la France profitât, pour son enseignement public, des fruits de l'épreuve du jeune élève de Woolwich, comme elle a profité, pour sa gloire, des leçons données à l'écolier de Brienne !

§ IV. — ARENENBERG. — L'IMPÉRATRICE
(5, 6, 7 juillet 1873.)

Le 5 juillet, je prenais à Constance le chemin d'Arenenberg où, pour la première fois, en 1836, j'avais vu, en allant en Italie, le prince Louis-Napoléon, alors jeune homme, et sa mère, la reine Hortense. Ce souvenir lointain, suivi par moi, plus tard, de relations fréquentes avec le prisonnier de Ham, avait consacré dans mon cœur l'attachement que, dès cette époque, il m'avait inspiré ; attachement, à coup sûr bien désintéressé à son origine ; désintéressément aussi bien conservé par moi à travers les éblouissements de l'Empire, assurément bien imprévu alors à mes yeux. C'est même pour moi un devoir de conscience de rappeler et de constater qu'au sommet de la grandeur impériale, comme par un pressentiment des catastrophes, prochaines, en ce moment, faisant le bilan des bienfaits et des gloires de l'Empire, je prenais acte de l'abnégation avec laquelle je l'avais servi et continuerais à le servir, ne lui devant absolument rien personnellement, puisqu'il m'avait trouvé membre du second corps de l'État et m'avait donné un siége dans le troisième (1); réserve qui n'a d'autre but que de dégager de tout intérêt personnel le dévouement sincère et profond que mes convictions ont voué à une dynastie profondément populaire et nationale.

Que les haines envenimées de partis, impuissants et jaloux, s'infiltrent, à la façon des thermites, dans cette popularité, pour chercher à la ruiner et à la ronger comme fait la vermine, ne nous en occupons pas : ces insectes font leur métier de destructeurs ; la nation poursuit son œuvre de réparation persistante. Laissez les clameurs s'évaporer en une vaine sonorité, la calomnie, comme la taupe, poursuivre sa marche souter-

---

(1) *La France sous Napoléon III. L'Empire et le régime parlementaire*, 1er vol., avant-propos, page 2.

raine : le grand jour, le grand air dissipe, en vivifiant l'atmosphère, tous les miasmes délétères.

> Le Dieu poursuivant sa carrière,
> Verse des torrents de lumière
> Sur ses obscurs blasphémateurs.

Blasphémez tout à votre aise l'Empire, remuez, comme vous le dites dans votre vocabulaire démagogique, la boue de Sedan, vous n'en tirerez jamais que les pleurs héroïques de nos phalanges désolées, c'est vrai, de leur impuissance, mais non pas déshonorées. Elles savaient, hélas! qu'à Pultava, à Sadowa, comme à Pavie, comme à Waterloo, comme à Rosbach, les plus illustres capitaines, les plus vaillantes nations ont connu les revers du champ de bataille, sans qu'aucune d'elles ait jamais profité du secours de l'étranger vainqueur pour outrager et renverser leur gouvernement, décapitant ainsi la défense et l'honneur du pays vaincu.

Notre pays, accablé d'abord par tant de catastrophes et de désespoir, avait perdu la tête. Mais revenant à lui peu à peu, reprenant ses esprits, il reconnaît l'abîme ouvert sous ses yeux, et refuse de s'y jeter.

Il repousse les malfaiteurs, qui, ne voyant dans la détresse générale que la satisfaction de leur malfaisante avidité, le trompent odieusement par leur charlatanisme, déguisant leur despotisme sanguinaire sous un mirage de faux libéralisme.

L'opinion publique, éclairée aujourd'hui, arrache les masques et reconnaît ses faux amis.

La vérité éclate, et l'Empire revient, justifié, réhabilité. C'est ainsi que, sous l'influence de cette pensée, j'allais à Arenenberg.

Le duc de Bassano me reçut avec sa courtoisie accoutumée. Le prince Charles Bonaparte vint à moi, et nous parlâmes de ses sœurs, les princesses Charlotte, de Primoli et Augusta Gabrielli, qu'il attendait, et pour lesquelles il venait de chercher, à Berlingen ou à Ermatingen, villages voisins, une installation de quelques jours.

Le Prince Impérial survient. Nous causons quelques

instants, assis sur le canapé du premier salon, puis il me quitte pour aller avec ses jeunes amis, au tir organisé à quelque distance d'Arenenberg par une société d'arquebusiers du pays. Il y va d'un pas précipité et résolu, comme à une partie de plaisir et à un exercice viril.

Après son départ, j'entends l'Impératrice descendre et m'appeler. C'était la première fois que je la voyais depuis le 9 janvier. Aussi n'était-ce pas sans une vive émotion que je baisai cette main chérie qu'elle daignait me tendre avec une affection triste. Elle me fit asseoir près d'elle sur le sopha de ce petit boudoir organisé avec tant de goût par elle.

Elle me communiqua les motifs qui l'avaient déterminée à venir en cette retraite chercher un air nouveau pour son fils, à l'éducation et à la santé duquel elle dévoue tous ses soins, toute sa tendresse et toute sa sollicitude. « Il va bien, me dit-elle. Vous l'avez vu par vous-même, car je l'avais fait prévenir de votre arrivée et vous l'avais envoyé. Mais les cruelles épreuves de cette année, à Chislehurst, compliquées d'études absolument impérieuses, sans interruption possible, si ce n'est celle des vacances, m'avaient paru nécessiter un changement d'air et un repos bienfaisant. Le climat de l'Angleterre, surtout pour l'exil, commande certains ménagements qui m'ont paru utiles à mon cher enfant, car je vous avouerai que j'ai pris mon rôle tout-à-fait au sérieux. Il m'a semblé que j'étais préposée à sa garde comme un factionnaire. Je n'ai pas d'autre préoccupation depuis le jour néfaste qui nous a enlevé notre guide, que de le suppléer, autant que je le puis, dans l'exécution de cette loi sacrée, de cette mission sainte. Ma conscience m'en fait un devoir absolu, et l'accomplissement de ce devoir me donne des forces et du courage. Jugez par votre cœur de père si celui d'une mère, déjà si chargée de responsabilité et de dévouement dans les conditions de la vie ordinaire, porte sans trouble, dans la mienne, un si précieux trésor.

« Eh bien! j'ai cru agir sagement en agissant ainsi, en venant dans ce beau et bon pays, chercher l'air salubre des montagnes, une image de la Patrie absente dans ce domaine où nous sommes, chez nous, dans notre propriété, car elle est à nous. »

Oui, lui dis-je, je sais que l'Empereur l'a rachetée après la mort de la reine Hortense. — « C'est vrai, peu après mon mariage j'ai voulu lui faire cette surprise, et avec l'Empereur nous n'avons jamais pu venir y passer que deux jours ; c'était, s'il m'en souvient, lors des événements du Sunderbond. L'empereur, je me le rappelle, était tout joyeux de revoir son ancienne demeure, asile de ses jeunes années. Puisque vous l'y avez vu, vous vous rappelez peut-être l'existence paisible qu'il y trouvait auprès de sa mère, au milieu de ces populations amies. » — Oui, madame, et à l'entrée de ce manoir, la vue de ce petit arc-de-triomphe en feuillage, me rappelait précisément et la popularité naissante dont le jeune prince, depuis empereur, était déjà entouré dans ces montagnes, et l'hérédité de cette affection populaire pour votre cher fils, jeune aujourd'hui, comme l'était alors son père.

Au surplus, je parlais dernièrement d'Arenenberg à un des membres de la famille impériale qui me disait y avoir été, lui aussi, élevé; c'est le prince Napoléon, à qui je faisais part de mon intention de venir ici saluer Votre Majesté.

L'impératrice, bonne comme toujours, me demanda beaucoup de nouvelles sur nos amis, s'intéressant à l'un, s'intéressant à l'autre, s'informant de la santé, des questions de famille de celui-ci ou celui-là, se rappelant un mariage, une naissance, une mort, ayant, en un mot, la mémoire du cœur, la mémoire de la patrie absente.

A propos de patrie, elle eut même un mouvement de magnifique émotion.

Nous parlions des douleurs de la France et de sa Régence au milieu des douloureuses épreuves que nous avions traversées, douleurs si patriotiquement partagées par Elle. « Oui, me disait-elle, je suis née en Espagne, « mais épouse et mère j'appartiens à la France plus « étroitement encore par nos malheurs. C'est le rôle d'une

« femme de suivre la destinée et la naturalisation que
« lui donne son mariage. Le souverain, n'a-t-il pas tou-
« jours appelé à l'honneur du trône une étrangère ? Anne
« d'Autriche, Marie Catherine de Médicis ont reçu,
« comme toujours, l'adoption du mariage royal. Quant à
« la régence, c'est différent. Impose-t-elle des charges ?
« Il n'y a pas à hésiter, et je n'ai pas hésité, en effet à
« m'acquitter, autant que je l'ai pu, de mon devoir. Mais
« dans les temps réguliers, je reconnais que les régences
« d'hommes même, et à plus forte raison de femmes,
« n'ont jamais réussi et sont une mauvaise forme de
« gouvernement. Aussi ne sommes-nous pas pressés ici,
« à Dieu ne plaise, si nous étions jamais disposés à nous
« occuper, au milieu des maux publics, de la question
« dynastique. L'opinion, dit-on, s'éclaire et nous revient.
« Laissons-la faire son œuvre de réparation. Ne hâ-
« tons rien. L'impétuosité inspire mal les hommes d'État.
« Il faut savoir souvent attendre. Attendons. Pour ma
« tutelle, je la tiens de la nature et de l'Empereur ; ori-
« gine doublement sacrée pour moi. Puisque le 4 septem-
« bre a brisé, sous les yeux des Prussiens, la couronne
« sur notre front, je prends d'autant plus au sérieux
« tous mes devoirs. Sans avoir la prétention de remplacer
« l'Empereur dans ses grands desseins ; j'ai du moins
« été préposée par lui à la garde et à l'éducation de
« Louis, et je suis là, comme une lionne près de son
« lionceau, inattaquable. Rien au monde n'ébranlerait
« ma résolution. Ma consigne et ma conscience me
« dictent ma conduite. Puissé-je mener à bien cette
« douce et grave entreprise. »

Puis, Sa Majesté, de ces communications familières, empreintes d'une énergie si noble et d'un cœur si haut, passant à des questions diverses, me permit d'échanger avec elle des observations qui ne comportent peut-être pas la publicité, quoique la loyauté chaleureuse de toutes ces appréciations n'eût qu'à y gagner. Notre entretien se prolongea avec un charme infini pour moi.

Je pris congé de Sa Majesté, et bientôt j'étais à Constance. Le chemin de fer arrivait, amenant M. Rouher, qui immédiatement partit avec le duc de Bassano, sa fille et son gendre, le général d'Espeuilles, pour Arenenberg.

Le lendemain à quatre heures je saluais Sa Majesté. Peu d'instants après, arrivaient le prince et la princesse Gabrielli Bonaparte, venant de Rome tout exprès pour les augustes hôtes d'Arenenberg.

L'Impératrice eut la bonté de nous retenir à dîner. En nous serrant un peu nous tiendrons tous à table, dit-elle, avec beaucoup de bienveillance. En effet, avec une simplicité charmante, la plus aimable hospitalité fit les honneurs de cette réunion intime. « Goûtez notre vin, me disait l'Impératrice. Je vous en préviens, il est du crû. » Et en effet, avec quelques verres de Bordeaux, c'était toute la cérémonie de ce délicieux accueil.

Après le dîner, le jeune prince causait, se promenait, faisait des armes avec l'un, avec l'autre, avec mon fils.

La soirée se passa sur la terrasse qui domine une admirable vallée où se développent les deux bras du lac, l'Unter-See, Boden-See et la Zelter-See, les riantes îles de Reichnau et de Meinau. Panorama splendide où semblent rivaliser les grandeurs de la nature avec celles de la création : Ici un horizon de montagnes lointaines dans la direction de l'Autriche ; à une moindre distance un étage abaissé de verdoyantes collines, parsemées de villas élégantes, résidences d'été, parmi lesquelles un château du grand duc de Bade, Suzerain de Constance. A peu d'éloignement, le château-fort de Gottlieben, prison du pape Jean XXIII, en 1415, de Jean Huss, qui fut jugé et condamné dans la salle du Concile, à Constance, et brûlé sur une pierre près des murs de la ville. Cette prison fut aussi celle de Jérôme de Prague et du chanoine Félix Hœmerlin.

Le lendemain matin, après avoir déjeuné à Constance, avec le prince et la princesse Gabrielli, nous vîmes arriver M. et Mme Bartholoni, revenant d'Arenenberg où ils avaient déjeuné en compagnie du prince Napoléon, très-gai ; nous y allâmes le soir et nous l'y trouvâmes, fort aimable et courtois.

La soirée, comme la veille, s'écoula sur cette même terrasse en causeries, dont l'Impératrice et le prince Napoléon faisaient surtout les frais. Le Prince Impérial y prenant une part fort réservée, y apportait quelques observations aussi modestes que judicieuses ; à un certain moment, par exemple, M. Rouher, interrompu par un interlocuteur, comme cela arrive souvent dans la conversation, avait laissé inachevée sa phrase, sans y attacher d'importance. Mais le jeune Prince, avec tact, la reprit doucement : « Vous disiez, M. Rouher... »

Bientôt, très-matinal et conséquemment, le soir, se retirant de bonne heure, il prit congé de nous tous; le Prince Napoléon l'embrassa. Nous reprîmes nos siéges sous ce beau ciel, étoilé, propice à l'entretien du soir, puis enfin, quand il fallut se séparer, le Prince, la Princesse Gabrielli et nous, le chemin de Constance. Le prince Napoléon devait repartir le lendemain matin, à cinq heures, par le bateau de Schaffouse avec le Prince Charles Bonaparte, sa sœur la Princesse Augusta; M. Rouher, le soir, par le chemin de fer de Constance à Bâle, et nous, par Schaffouse, Zurich et Lucerne.

A Zurich, j'allai comme je l'avais proposé à l'Impératrice, visiter le petit Baden, en Argovie, station balnéaire indiquée à Sa Majesté pour y prendre quelques bains. M. Olympe Aguado y avait passé une saison qui lui permettait de donner des renseignements précis. Guidé par lui, je vis en effet l'établissement du Staad Hof, sur le bord de la Lymath : hôtel autrefois habité par la reine Hortense et son fils, le prince Louis, alors notre futur empereur. J'en écrivis au docteur Corvisart mes impressions, contrôlées d'ailleurs, avec une juste autorité, par sa propre appréciation; et, sur son avis, l'Impératrice, quittant le 12 juillet, Arenenberg, s'est séparée à Schaffouse du Prince impérial ; elle pour Baden, lui pour Bâle, où nous avons eu l'honneur et le bonheur de nous retrouver avec lui à déjeuner le 14 à l'hôtel des Trois-Rois. Avec le comte Clary et son jeune condisciple d'Angleterre, il regagnait Woolwich, où, par Ostende, il devait être rentré le 16 au matin.

« Allez, Monseigneur, allez, lui disais-je, reprendre le cours de vos études, vous préparer à ces hautes destinées qui, bientôt sans doute, vous sont réservées ». Et le Prince, à ces mots, ému, me serrait la main, en étouffant un soupir. Embrassant mon fils avec effusion, il a bien voulu nous répéter le plaisir qu'il avait éprouvé à nous voir et le désir de nous revoir bientôt. Puis ensemble, nous sommes montés en voiture, nous pour la France, lui... pour l'exil!...

§ V. — LE PRINCE IMPÉRIAL

Il rentrait à Woolwich, élève du général Simmons, comme autrefois son père, à Brientz, élève du général Dufour, qui devint l'ami de Napoléon III, comme bientôt peut-être le général Simmons, l'ami de Napoléon IV.

Le 15 juillet, le Prince impérial était à Bâle, et le 15 août, à Cambden-House, recevant les hommages des français et des étrangers accourus à Chislehurst pour la fête de l'Empereur, naguère sur son trône, aujourd'hui dans la tombe. Là du moins, même en Angleterre, il ne repose pas sur la terre étrangère : par une délicatesse de patriotisme, il avait exprimé le vœu de dormir du sommeil éternel sur le sol Français, et quelques pelletées de la terre du jardin des Tuileries ont satisfait à cette pieuse supercherie de sa volonté dernière, en attendant que la justice des hommes ait sans doute rapporté ses mortelles dépouilles, comme celles de Napoléon Ier, sous la basilique funèbre des souverains de la France.

Nous recevons la dépêche suivante :

Août, Chislehurst, vendredi, 5 heures.

L'heure du courrier me presse, et je suis obligé de ne vous envoyer qu'une dépêche très sommaire. De 1,000 à 1,100 personnes étaient présentes. A dix heures, les députations de la jeunesse française, des sociétés de secours mutuels, hommes et femmes, des sauveteurs de la Seine, du commerce et des ouvriers sont introduites dans le parc et se mettent en route à onze heures et demie pour la chapelle.

Quand le Prince et l'Impératrice entrent dans l'église

une émotion profonde s'empare de l'assemblée. Tous les yeux se mouillent de larmes. — A une heure et demie retour à Cambden-Place. L'Impératrice et le Prince impérial passent devant tout le monde. Sa Majesté, qui reconnaît chacun, adresse à tous un mot de remerciment... S. A. le Prince impérial tend la main à l'un, à l'autre, et à tous adresse un mot heureux.

L'émotion est des plus grandes.

A trois heures, réception dans le salon où sont déposés la statue équestre et l'album de la délégation de la jeunesse française.

A trois heures, le Prince redescend et adresse à l'assistance les paroles suivantes, couvertes, à diverses reprises, par les cris de : Vive l'Empereur! vive l'Impératrice! vive Napoléon IV!

« Je vous remercie au nom de l'Impératrice et au
« mien d'être venus associer vos prières aux nôtres et
« de n'avoir pas oublié le chemin que vous avez pieuse-
« ment parcouru il y a quelques mois ; je remercie aussi
« les fidèles amis qui nous ont fait parvenir de loin les
« nombreux témoignages de leur affection et de leur
« dévouement.

« Quant à moi, dans l'exil et près de la tombe de
« l'Empereur, je médite les enseignements qu'il m'a
« laissés ; je trouve dans l'héritage paternel le principe
« de la souveraineté nationale et le drapeau qui la con-
« sacre. (Applaudissements).

« Ce principe, le fondateur de notre dynastie l'a ré-
sumé dans cette parole à laquelle je serai toujours fidèle : TOUT POUR LE PEUPLE ET PAR LE PEUPLE. »

Bravos prolongés et cris de : *Vive l'Empereur!* (1)

Le 17 août, plusieurs négociants, MM. L. Deloué, ancien négociant de Rouen; A. Sabatier, négociant, Paris-Bercy; H.-D. Ogier, notaire, Fauquembergues (Pas-de-Calais); Burdin, constructeur de chemins de fer, Lagny; G. Hubert, propriétaire, à Dunkerque, A. Gœlzer, négociant, à Paris ; G. Lehoussel, négociant, à Paris; F. Conte, négociant, à Dinan (Côtes-du-Nord);

(1) *Paris-Journal; l'Ordre*, 16 août 1873.

Eug. Delessert, de Paris; D. Deblois, négociant, à Paris; L. Popot, industriel, à Meudon; P. E. Hubert, propriétaire, à Dunkerque, etc., etc., reçus en audience spéciale par S. A. I. le Prince Louis-Napoléon, à Chislehurst, ont eu l'honneur de lui lire et de remettre en ses mains l'adresse suivante :

« Monseigneur,

« C'est avec un recueillement profond que nous avons assisté hier au glorieux anniversaire du 15 août, qui se célébrait, entre vous et ceux de vos dévoués serviteurs qui avaient pu se rendre près de vous, dans l'austère simplicité de l'exil; et c'est avec une joie bien vive que nous avons entendu les nobles et fortes paroles que vous avez prononcées à cette occasion, paroles plus solennelles, en de telles circonstances, que si elles tombaient du haut d'un trône.

« *Tout pour le peuple et par le peuple* »
Telle est, en effet, la devise des Napoléon; tel est le sens de leur œuvre et telle est la raison de leur destinée.

« C'est pour le peuple, c'est pour lui faire place au soleil qui luit pour tous, que Napoléon Ier démolit le vieux monde à grands coups de coignée héroïque, et c'est par le peuple qu'il accomplit cette œuvre géante dans les épiques journées d'Arcole et d'Austerlitz, de Wagram et d'Iéna.

« C'est pour le peuple que vécut, songea, agit, combattit et souffrit notre bien-aimé Napoléon III, et c'est pour le peuple qu'il sut fonder, au milieu de nos temps incertains et troublés, ce gouvernement calme et fort, bienfaisant et ferme, prestigieux et puissant, qui s'appela le second Empire et qui ne fut pas autre chose que la démocratie couronnée.

« Et c'est pourquoi, Monseigneur, nous vous demandons la permission d'applaudir sans réserve à l'énergie avec laquelle vous revendiquez, contre des prétentions surannées et impuissantes, la tradition vivante de vos grands prédécesseurs.

« Il vous est réservé, il est réservé au troisième Empire de donner au monde un grand spectacle et un grand enseignement, en unissant, dans une solide alliance, les intérêts du peuple et les droits du pouvoir, en réconciliant avec l'autorité des multitudes égarées par l'influence malsaine de quelques déclamateurs ambitieux, en construisant enfin cet édifice de la démocratie, dont Napoléon Ier conquit le terrain avec son épée et Napoléon III posa les fondements par sa sagesse et sa douceur.

« Héritier des vertus de l'un et de l'autre, vous continuerez l'œuvre de tous les deux, et vous la continuerez dignement ; votre attitude d'aujourd'hui nous en donne l'assurance. Vous régnerez de par la souveraineté du peuple et pour le bien du peuple ; vous rétablirez, par la pratique chrétienne de l'égalité civile et politique, le respect de la loi et l'autorité de la justice ; vous effacerez de notre législation ce qui peut y rester des anciens priviléges ; vous poursuivrez l'affranchissement économique si largement inauguré par les traités de 1860, et qui, en même temps qu'il est la source de la prospérité agricole, industrielle et commerciale dans toute la nation, doit avoir pour résultat de réconcilier en France les intérêts sociaux, en procurant le bien-être à tous ; vous protégerez, au nom de l'ordre social, les droits du travail patient et des situations acquises, mais vous n'oublierez point que vous avez reçu aussi la délégation des humbles, des souffrants et des déshérités ; vous tiendrez compte des justes besoins qui, si on les méconnaît, s'expriment, à de certaines heures, en de terribles colères ; vous saurez accorder sans faiblesse et retenir sans rigueur ; vous serez enfin le prince attendu et désiré qui viendra relever la fortune de la France, ranimer ses espérances, réparer ses malheurs, et transformer en un fleuve bienfaisant ce torrent de la révolution, qui a fait chez nous plus de ruines que la guerre.

C'est en ce sens, monseigneur, que nous serons heureux de pouvoir commenter vos paroles pour ceux qui n'ont pas eu le bonheur de les entendre ; et si vous daignez nous y autoriser, nous sommes assurés que le nombre de nos amis en serait accru instantanément, et dans des proportions considérables, même parmi ceux que le mensonge et l'erreur ont pour un temps détournés de l'Empire et aveuglés sur ses bienfaits.

« Nous sommes, avec le plus profond respect, Monseigneur, etc. »

(*Suivent les signatures.*)

Le Prince impérial a accueilli la lecture de cette adresse avec la plus entière bienveillance et a daigné y répondre par les paroles suivantes :

« Messieurs.

« Je vous remercie des sentiments que vous venez de m'exprimer. Vous avez entendu mes paroles d'hier. Elles sont entièrement d'accord avec ce que vous venez de me dire. En rentrant en France, dites à vos amis que je suis heureux de me trouver avec vous et avec eux en parfaite communion d'idées. »

Après quelques paroles émues, prononcées par M. Sabatier au nom de l'administration de l'orphelinat du Prince impérial, l'audience a été levée dans les termes les plus cordiaux. (1)

§ VI. — L'EMPEREUR. — L'EMPIRE. — CONCLUSION

L'Empereur Napoléon III, on l'a répété bien souvent et bien justement, était l'esprit le plus libéral qu'il y eût en France. Libéral, démocratique et autoritaire.

La première partie de sa vie a été vouée aux aspirations spéculatives de la liberté. Ce n'était pas chez lui une opinion de circonstance, commandée par une tactique d'opposition ; c'était une conviction puisée dans l'étude sociale et politique des conditions gouvernementales depuis 1789, et de la dynastie napoléonienne.

Croyant à la possibilité de conciliation entre les deux principes en apparence inconciliables : la liberté et l'autorité, il dût au début de son règne, après 1848, subor-

---

(1) *Paris-Journal; l'Ordre*, 22 août 1873.

donner le superflu au nécessaire, la théorie à la pratique, le libéralisme à l'ordre. Homme d'autorité, il crût indispensable d'assurer d'abord la vie, la tranquillité, la prospérité du présent, la sécurité de l'avenir, et *après avoir*, comme il le disait si judicieusement, *replacé la pyramide sur sa base*, il fit honneur à sa parole en donnant à l'édifice son couronnement promis : la liberté. Ce fut l'œuvre des dernières années de son règne.

Mais ce pays-ci, aussi inconséquent qu'ingrat, parut n'accepter ces libertés *nécessaires*, *parlementaires*, que pour en abuser. Le premier emploi qu'il en fit fut de les retourner contre le gouvernement qui les avait inaugurées : il s'en servit pour marchander et refuser à l'Empire les budgets indispensables à la défense du territoire, à la réorganisation de l'armée réclamée à grands cris.

Inconséquence funeste qui, poussant à la guerre, en déniait obstinément les moyens, et conduisait à cette autre conclusion coupable, criminelle, c'était d'attaquer le gouvernement lui-même sous le feu de l'ennemi et de se joindre aux Prussiens pour briser le trône, profitant de la captivité de l'Empereur et de notre armée pour renverser l'Empire.

Tant il est vrai que le démon de la destruction dévore notre malheureuse nation et semble s'attacher à elle comme un vampire.

Etonnez-vous ensuite des haines soulevées contre le génie réparateur qui avait dompté, muselé le monstre révolutionnaire, après la première comme après la seconde révolution, et l'avait réduit à l'impuissance ! Oui, c'était l'Empereur Napoléon Ier, qui du poids de sa massue, comme Hercule, avait terrassé l'hydre révolutionnaire ; comme avec le charme d'Orphée, il avait, par sa gloire, fasciné le Cerbère ; c'était avec la même autorité et le même prestige que Napoléon III, vainqueur à Sébastopol, à Magenta, avait également dompté l'anarchie et affermi inébranlablement l'ordre en France. De là ces haines des partis ligués, non pas seulement contre l'Empire autoritaire ou libéral, mais contre la gloire même qui aurait pu l'affermir dans sa popularité. C'est ainsi

que le parlementarisme, chauffé à toute vapeur, lui disputait tous les engins de guerre ; M. Thiers, en tête de l'opposition, repoussant les déclarations de M. Rouher, qu'en présence des formidables armements de la Prusse il fallait à la France *le service obligatoire*, PROPOSÉ PAR L'EMPEREUR, *et* 1,400,000 *hommes sous les armes.* « Qua-
« *torze cent mille hommes! s'écriait M. Thiers. Eh!*
« *bien*, CES CHIFFRES-LA SONT PARFAITEMENT CHIMÉRI-
« QUES... *La Prusse,* SELON M. LE MINISTRE D'ÉTAT, *nous*
« *présenterait* 1,300,000 HOMMES. MAIS JE LE DEMANDE,
« OU A-T-ON VU CES FORCES FORMIDABLES ? LA PRUSSE,
« COMBIEN D'HOMMES A-T-ELLE PORTÉS EN BOHÊME EN
« 1866 ? 300,000 ENVIRON... C'est que, messieurs, il ne
« faut pas se fier A CETTE FANTASMAGORIE DE CHIFFRES...
« CE SONT LA DES FABLES QUI N'ONT JAMAIS EU AUCUNE
« ESPÈCE DE RÉALITÉ. (*Approbation autour de l'orateur.*)
« DONC, qu'on se rassure : notre armée, (*qui nous coûte,*
« dit M. Thiers, *quatre à cinq cent millions par an*) SUF-
« FIRA POUR ARRÊTER L'ENNEMI. Derrière elle, *le pays*
« *aura le temps de respirer et d'organiser tranquillement*
« *ses réserves.* EST-CE QUE VOUS N'AUREZ PAS TOUJOURS
« DEUX OU TROIS MOIS, C'EST-A-DIRE PLUS QU'IL NE VOUS
« EN FAUDRA, pour organiser la garde nationale mobile,
« et utiliser ainsi le zèle des populations ? D'ailleurs, les
« volontaires afflueront. Vous vous défiez beaucoup
« trop de votre pays. »
Selon M. Thiers, notre armée, telle qu'elle est, suffit à toutes les éventualités. « *Si aujourd'hui nous avons la*
« *paix*, dit-il, *si on ne nous menace pas, c'est qu'on nous*
« *sait prêts à faire la guerre.* La chose est évidente
« *comme la lumière.* Oui, ajoute-t-il avec un aplomb in-
« sensé, *évidente pour tous ceux qui connaissent l'état de*
« *l'Europe. Savez-vous pourquoi la paix a été mainte-*
« *nue ?* C'EST PARCE QUE VOUS ÊTES FORTS. »
Est-ce assez de ces incompréhensibles folies ? Quoi ! M. Thiers combattait ainsi tous les projets militaires de l'Empire ! Quoi ! il a contribué à affaiblir tous les préparatifs du maréchal Niel, du maréchal Lebœuf, de l'Empereur ! et il a l'inqualifiable témérité, après nos catastrophes, de jeter à la face de l'Empire ce reproche

abominable de n'avoir pas été prêt à la guerre ! C'est à n'y pas croire.

Et puis, avec lui, à côté de lui, un chorus sauvage des partis coalisés s'élève contre les crédits demandés par le ministère de la guerre. Ces voix discordantes crient, ici, c'est celle de M. Jules Simon : « Ce qui « rend les soldats invincibles, *c'est la liberté!* « In hoc « signo vinces... » Autrement, *vous pourrez avoir des* « *agglomérations de soldats ; vous n'aurez pas d'armée ;* »

« *La loi qu'on propose est mauvaise,* PARCE QU'ELLE « CONSTITUE UNE AGGRAVATION DE LA TOUTE-PUISSANCE « DE L'EMPEREUR.

« *Ce qui importe, ce n'est pas le nombre de soldats,* « c'est la cause qu'ils ont à défendre.

« ... Ce qui rend une armée invincible, c'est, répé- « tons-le, la liberté. » (Décembre 1867.)

M. Garnier-Pagès en disait autant.

M. de Moltke déclare « qu'avant de faire des économies « et de réduire les impôts, il faut assurer la sécurité du « pays, car le premier besoin d'un Etat est *d'exister* et « de voir *son existence assurée du côté de l'extérieur.* Si, « à l'intérieur, la loi protége le droit et la liberté des « citoyens, c'est la puissance qui, seule, peut à l'extérieur « protéger l'Etat vis-à-vis d'un autre Etat.

« Un tribunal de droit international, s'il en existait un, « manquerait toujours de la force nécessaire pour assu- « rer l'exécution de ses arrêts : ses décisions demeure- « raient, en fin de compte, subordonnées à la décision « souveraine des champs de bataille. »

Partant de cette vérité, le chef de l'état-major allemand passe en revue les ressources militaires dont on peut faire emploi. Il démontre l'insuffisance très-coûteuse des milices ; il ne peut pas consentir à prendre les gardes nationaux pour un élément militaire sérieux, et il conclut avec autorité par cette vérité indéniable : « Même la réunion la plus nombreuse d'hommes ha- « biles, patriotes et vaillants, n'est pas en état de résis- « ter à une armée véritable. » Nos malheurs nous ont appris la triste exactitude de cette affirmation.

« Les économies réalisées sur le budget de la guerre

« durant une longue série d'années de paix sont perdues
« en une seule année de guerre. »

Ailleurs, l'orateur résume sa pensée en ces lignes :

« ..... Un grand Etat n'existe que par lui-même et
« par sa propre force; il n'atteint le but de son existence
« que s'il est résolu à défendre son existence, sa liberté
« et son droit, et armé pour sa défense. Laisser un pays
« désarmé serait le plus grand crime que son gouverne-
« ment pût commettre. »

Ici, nous sommes forcés d'arrêter M. le comte de Moltke et de lui apprendre qu'il ignore nos grands orateurs militaires. Tout ce qu'il professe devant le Reichstag est une vieille méthode, très-surannée et bonne tout au plus pour les anciens géants de Frédéric II. Si M. de Moltke avait étudié nos spécialistes, il apprendrait qu'une armée permanente est le pire des préjugés, et que, pour garder la sécurité d'une nation, pour élargir ses frontières, pour la faire grande, il faut... des avocats d'opposition. Nous allons citer à M. de Moltke nos auteurs. Lorsque, après Sadowa, le gouvernement français demandait une armée, une grande armée, voici ce qu'on lui répondait :

« Par quelle aberration le gouvernement peut-il songer
« à chercher les forces de la France dans l'exagération du
« nombre d'hommes? Notre amendement porte la suppres-
« sion des armées permanentes et leur remplacement par
« les gardes nationaux. » — Ernest Picard. (*Journal officiel de* 1869)

« Qu'est-ce que je lis dans les documents officiels ?
« Qu'il faut que la France soit armée comme ses voisins.
« J'avoue, messieurs, que ma conscience se révolte contre
» de pareilles propositions. » — Jules Favre. (*Ibidem.*)

« Le militarisme est une plaie. Je comprendrais les
« pompiers armés pour le cas d'une invasion. Mais une
« invasion est-elle possible? On s'indignerait si je ha-
« sardais une opinion semblable, et on aurait raison. »
— E. Pelletan. (*Ibidem.*)

Nous pouvons encore opposer aux idées militaires de M. le comte de Moltke d'autres orateurs très-compétents; par exemple :

M. Magnin, ce grand capitaine, formulant dans le même sens cette déclaration :

« ... Je crois que dans un avenir prochain, et quoi « qu'en pense le rapport, les armées permanentes dispa- « raîtront.

« Je voudrais qu'elles fussent remplacées par l'arme- « ment de la nation, par l'armée démocratique, etc. »

Arrêtons-nous ; « on ferait des volumes avec ces sottises et ces infâmies. Un sentiment profond de tristesse nous gagne à la pensée que c'est en France qu'on a pu entendre un pareil langage en face de la Prusse victorieuse, armée, prête à recommencer, redoutable et menaçante.

« Ces gens ont préparé la défaite pour préparer la révolution. La victoire des Allemands a été le signal de leur avénement au pouvoir. On a compris, au 4 septembre, ce que signifiait cette haine des armées permanentes ! (1). »

Telles sont les vérités puissantes, cruelles, qui ont malheureusement aidé MM. de Bismarck et de Moltke à préparer chez eux la victoire et à faire de la Prusse d'Iéna la Prusse de 1871.

Telles sont, de notre côté, les déclamations odieuses de MM. Picard, Pelletan, Magnin, Jules Favre, Thiers, etc.; déclamations inspirées par la haine de l'Empire, qui voulait pour nous ce que MM. de Bismarck et de Moltke voulaient pour leur pays; déclamations qui ont démoralisé la France et l'ont perdue.

Ailleurs, c'est la voix collective de ces héroïques partisans de la guerre à outrance en 1870, et qui en 1867, 1868, le 13 avril 1869, présentaient cet amendement patriotique sous la signature : Pelletan, Hénon, Paul Bethmont, Jules Simon, duc de Marmier, Magnin, Dorian, Garnier-Pagès, Carnot, Girod-Pouzol, comte d'Estourmel, Glais-Bizoin, Jules Favre, Guéroult, Piéron-Leroy : « *La garde impériale est supprimée; l'effectif entretenu de l'armée est réduit de deux cent mille hommes* » sans parler de cette opposition ameutée contre

---

(1) Voir l'analyse du discours de M. de Moltke, dans le journal *la Patrie* et *l'Ordre* (23 et 25 février 1874).

l'Empire, laquelle affirmait que la « force armée des baïonnettes est le cortége du despotisme, tandis que la véritable force de toute puissance nationale, c'est la liberté !!!! »

Toute cette opposition, coalisée avec MM. Albert de Broglie, Thiers et les radicaux, ne disait-elle pas, comme M. le duc d'Audiffret-Pasquier, dans ses circulaires électorales : « JE DEMANDERAI LA RÉDUCTION DES CONTINGENTS ANNUELS QUI ENLÈVENT DES BRAS A L'AGRICULTURE ET DES OUVRIERS A L'INDUSTRIE. » Et pour laisser A L'AGRICULTURE SES BRAS, A L'INDUSTRIE SES OUVRIERS, ces ennemis acharnés de l'Empire ont obtenu les réductions du budget de la guerre. Puis, ayant *désarmé* le pays, ils ont *accusé* l'Empire de ce *désarmement*, *l'accusant* d'imprévoyance et d'incurie. Ah ! M. le comte de Moltke, major-général de l'armée allemande, après les cruelles épreuves que vient de nous infliger l'expérience de nos navrantes défaites, a bien raison encore aujourd'hui de soutenir devant le Reichtag prussien la loi militaire, attaquée par le député Richter. M. de Bismark, en 1866 et 1868, comme Napoléon Ier, comme Napoléon III, proclamait ces sages doctrines contre la parcimonie mal entendue qui, sous apparence d'économie actuelle, compromet et menace l'avenir sous d'accablantes dépenses. Que deviennent alors *les bras d'une agriculture* languissante, *les ouvriers d'une industrie* oisive, quand le pays vaincu est ruiné ?

Aussi M. de Bismark a-t-il, avant la guerre, laissé crier le Reichtag, a-t-il poursuivi ses formidables armements que niait pour la Prusse et que repoussait pour la France, comme FANTASTIQUES, l'incrédule M. Thiers. Mais chez nous, le Corps législatif, plus fort que le Reichtag à Berlin, vota et obtint les réductions budgétaires, qui devaient bientôt aboutir aux clameurs de l'opposition, blâmant l'Empire de n'avoir pas été prêt, et aux abîmes, engloutissant et la grandeur et les milliards de la France.

Sur le service obligatoire proposé par l'Empereur, M. Jules Favre s'écriait : « Voulez-vous donc faire de la France une vaste caserne ? » A quoi le maréchal Niel

répondait : « Prenez garde d'en faire un vaste cimetière. »
Triste prophétie !

La révolution de 1848 s'était faite contre le gouvernement de 1830, qu'on taxait de pusillanimité vis-à-vis de l'étranger. La conscience nationale, outragée, a fait, disait-on alors, contre le gouvernement de juillet *la révolution du mépris*. Que reproche-t-on à l'Empire? D'avoir cédé aux élans d'une susceptibilité de la France, d'avoir résisté aux prétentions de la Prusse, d'avoir répondu à ses menaces de domination par la guerre. Mais ne trouvons-nous pas aujourd'hui encore dans un ouvrage publié par le général Charles Pajol ce cri de douleur généreuse :
« Voir encore briller notre France aujourd'hui affaiblie
« par tant de désastres, la voir reconquérir ses vieilles
« frontières du Rhin : voilà toute mon ambition. « (Pajol, 1874, 3 volumes. Dédicace.) Cet élan n'est-il pas la justification du patriotisme de l'Empire provoqué par les exigences impérieuses de la Prusse en 1870 ? Mais en 1870, l'Empereur avait eu la faiblesse de rendre à la France ses libertés parlementaires.

Or, chacun sait les conséquences du Parlementarisme.

En 1869, en 1870, le Maréchal Le Bœuf, séduit par les Sirènes de la Tribune, y montait lui-même quelquefois, et charmé de quelques succès oratoires qu'il y avait trouvés, il sacrifiait aux faux dieux, et pour capter leur faveur il en vint à troquer contre ces lauriers de mise en scène les lauriers du champ de bataille, les vrais lauriers du soldat.

Il capitula, lui aussi, sur son budget, cédant, pour prix de bravos trompeurs, l'appauvrissement de nos cadres. C'était la dixme qu'il payait aux applaudissements parlementaires.

Il en était étourdi, et quand on lui demandait : « êtes-vous prêt? » il répétait avec l'aplomb d'un orateur fanatisé : « Il ne manque pas un bouton de guêtre à l'armée. »

L'Empereur devait croire son Ministre de la guerre. Qui aurait-il cru ? M. Thiers ! — M. Thiers répétait que la France était forte ; qu'avec ses 400,000 hommes, elle n'avait rien à craindre.

L'Empereur pourtant, était triste, anxieux. Il me disait avec mélancolie le 4 juillet 1870, dans son cabinet, à Saint-Cloud : « Mon cher Bavoux, avec la Prusse, prenez-y garde, il faut avoir deux cents fois raison. »

Dans sa proclamation, aux cris : « A Berlin, à Berlin ! » il opposait les pronostics les plus sérieux, l'appel le plus patriotique aux rudes et longues épreuves.

Le jour se fait déjà sur ces lugubres et sombres journées, sur cette campagne néfaste où l'Empereur enchaîné, désarmé, Empereur constitutionnel, a dû subir la guerre, le choix des hommes, de Bazaine, de Trochu; le plan de campagne, le crime du 4 septembre, la captivité et la mort.

Le jour se fait sur toutes ces lamentables péripéties.

La physionomie des augustes exilés s'est encore anoblie, épurée sous le burin de l'histoire, sous l'empreinte du malheur :

L'Empereur toujours grand, noble, généreux, bon, modéré ; l'Impératrice inébranlable dans sa fermeté pendant la guerre, dans ce patriotisme, ce sentiment du devoir, cette dignité, cette abnégation, qui lui ont valu les respects de la France, les hommages de l'Angleterre et de l'Europe; le Prince Impérial, éprouvé déjà par tant de douleurs, mûri par elles, doué d'une douceur, d'une méditation sérieuse, ressemblance frappante avec son père. Ressemblance précieuse et féconde. Gage manifeste de ces hautes qualités de l'âme, qui sont comme l'attribut des grands monarques. Dons célestes qui forment, en quelque sorte, l'apanage des dynasties privilégiées et populaires, comme ont été celles de Charlemagne, de Henri IV, Louis XIV, Napoléon, fondateur d'une race égale à celles de ces immortels souverains, lui-même immortel comme eux.

La France, au lieu d'un traité de paix qui, après Sedan, aurait été un hommage à l'intervention de la Russie, de l'Angleterre ; intervention semblable à celle de la France elle-même après Sadowa entre la Prusse et l'Autriche : la France qui, alors, aurait payé le malheur de ses armes de quelques deux ou trois milliards; sans perdre alors un pouce de territoire, se vit livrée aux hâbleurs de la guerre à outrance, et mutilée.

Mutilée, démembrée, depuis plus de trois ans elle perd, par tous les pores, son sang, son honneur et sa vie.

Soutenue dans son épuisement par le noble bras d'un vaillant soldat, d'un héros de l'Empire, elle reprend courage à la vie; mais il lui faut le grand air, la stabilité d'un établissement définitif et durable.

L'Empire était pour elle la Démocratie couronnée. Désabusée des calomnies amoncelées sur ses ruines par la haine implacable des partis impuissants et divisés entre eux, plongée dans l'anarchie, dans l'atonie, dans l'anémie, elle voit le salut dans un seul refuge : L'Empire !

L'Empire, en quelques jours, réorganisé, reprendrait ses institutions, ses lois, son système, son personnel administratif, politique.

En quelques jours, avec quelques jets télégraphiques, il est tout prêt sur ses pieds.

Le courant est bientôt irrésistible.

Bientôt la France reprend sa place dans le monde !

Bientôt la France est encore sauvée !

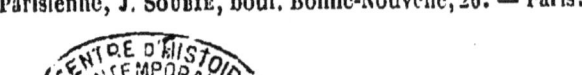

268. — Imprimerie Parisienne, J. Soubie, boul. Bonne-Nouvelle, 26. — Paris.

www.ingramcontent.com/pod-product-compliance
Lightning Source LLC
Chambersburg PA
CBHW061013050426
42453CB00009B/1421